Cubierta y diseño editorial: Éride, Diseño Gráfico
Dirección editorial: Ángel Jiménez

Primera edición: enero, 2026

Episodios de Carabanchel (I)
© Sergio Gonzalo Rodrigo
© éride ediciones, 2026
Espronceda, 5
28003 Madrid

éride ediciones

ISBN: 979-13-87643-59-1
Depósito Legal: M-27256-2025
Diseño y preimpresión: Éride, Diseño Gráfico

 Este libro protege el entorno

# Episodios
# de Carabanchel
# (I)

**Sergio Gonzalo Rodrigo** nació en Madrid en 1982, y desde pequeño, sintió un profundo interés por la literatura. Más adelante, descubrió la pasión por el teatro, una disciplina que ha vivido de manera intensa asistiendo con regularidad a espectáculos teatrales en Madrid, siendo actor a nivel aficionado, editando obras de teatro y siendo ayudante de dirección en una obra que se representó en Madrid en los meses de abril y mayo de 2024. Ahora, ha decidido combinar esa inclinación por el teatro con su conocimiento del madrileño barrio de Carabanchel al escribir la trilogía teatral *Episodios de Carabanchel*, de la que este libro es uno de los tres volúmenes.

Sergio también tiene una profunda pasión por el viaje, y en ese sentido ha escrito dos libros de literatura de viajes titulados *Mosaico, ambientes y gentes del mundo* y *Cuba. Radiografía de un país irrepetible*, ambos también publicados bajo el sello de Ediciones Éride.

# SERGIO GONZALO RODRIGO

## Episodios
## de Carabanchel
## (I)

**éride ediciones**

# Actos de la obra

# Breve perfil de los personajes

(Solo de los que tienen nombre propio, por orden de aparición)

CRISTIAN 22 años, sin trabajo, nacido en Madrid, crecido en Carabanchel, muy influenciado por el carácter de su padre y de su madre, que son muy distintos entre sí.

MARCELA 24 años, estudiante, colombiana, lleva viviendo en Madrid desde que tenía 5, pues con esa edad sus padres emigraron a España. Algunos problemas en casa derivados del alcoholismo de su padre.

REMIGIO 47 años, pintor de brocha gorda, español, ha vivido toda su vida en Carabanchel. Su principal afición es el fútbol y es del Real Madrid.

AGUSTÍN 33 años, instalador de toldos, español, ha vivido toda su vida en Carabanchel. Ama la vida familiar, sacar a pasear a su perro y el fútbol (es del Atlético de Madrid).

ANSELMO 62 años, tabernero, natural de Palazuelos del Eresma (Segovia), lleva viviendo en Madrid desde que tenía 24 años y regentando el bar desde que tenía 29.

ASSANE 37 años, en situación de desempleo, natural de Cabo Verde, lleva viviendo en España 2 años.

Se ha dedicado a distintos oficios, todos ellos relacionados con el trabajo físico o manual.

PAZ    33 años, contable, nació en Arenas de San Pedro (Ávila) pero vive en Madrid y en Carabanchel desde hace 7 años. Le encanta leer y cocinar. Novia de Vega.

VEGA   28 años, trabajadora social, nació en San Pedro del Arroyo (Ávila) pero lleva viviendo en Madrid desde hace 8 años (en Carabanchel solo desde hace 5). Juega al fútbol sala. Novia de Paz.

KIKA   58 años, pensionista, nació en Don Benito (Badajoz) y lleva viviendo en Madrid desde que tenía 25 años. Sufre una lesión ósea que le hace cojear ostensiblemente.

ÁNGEL  69 años, jubilado (ex fontanero), lleva viviendo toda su vida en Carabanchel. Gran aficionado al fútbol, su pasión es el Real Madrid.

ABDUL  49 años, albañil, nació en Tánger (Marruecos), vive en Madrid y en Carabanchel desde hace 19 años. Le gusta ir a tomar un café al bar varias veces al día, como hacía en los cafés de Tánger.

MOHA   27 años, peluquero, nació en Rabat (Marruecos), llegó a Madrid cuando tenía 10 años, momento en el que su madre se mudó a España tras separarse de su padre.

SINDBAD 25 años, camarero del bar La Estrella desde hace 11 meses, es tunecino. Lleva 2 años en España, donde llegó para continuar su carrera académica, algo que de momento no ha podido conseguir.

FELIPE 61 años, tabernero, es portugués pero lleva viviendo en España 45 años. Regenta el bar La Esquina junto a su mujer, también portuguesa, desde hace 30.

EMILIO 41 años, diseñador gráfico, es de Alcobendas pero lleva 11 años viviendo en Madrid, de los cuales 5 en Carabanchel. Muy culto, sus pasiones son la literatura, la filosofía y el cine.

# ACTO 1
## (El otoño)

## Escena 1

*Terraza del bar La Esquina, en la Plaza de Zeus. Sábado a las 13:17.* CRISTIAN *y sus amigos en una mesa.* MARCELA *y sus amigas en otra.*

CRISTIAN   Pues sí. Muy fuerte lo de anoche. Surrealista total.

AMIGO 1   Ya te digo

CRISTIAN   Y lo del puerta del Baladas, ¿qué?

AMIGO 2   ¿Qué pasó con él?

CRISTIAN   Que echó al Chori del bar. Por potar al lao de la barra.

AMIGO 2   No jodas... Yo no me enteré de eso...

CRISTIAN   Estarías mamao. O habrías salío a fumar, yo qué sé.

AMIGO 2   Yo qué sé. Me la suda.

*(Mientras, en la mesa de al lado.)*

MARCELA  Hasta me duelen las piernas de bailar ayer.

AMIGA 1  Si no bailamos tanto, ¿no?

MARCELA  Serías tú. Que estuviste hablando con el pesa-
do ese la mitad de la noche. (*Dirigiéndose a Amiga 2.*) Pero nosotras sí, ¿a que sí?

AMIGA 2  Sí.

AMIGA 1  ¿Y qué vamos a hacer hoy?

MARCELA  Lo que queráis. A mí me da igual.

AMIGA 1  Podemos volver al Mercurio.

MARCELA  Tú lo que quieres es volver a ver al tío ese.

AMIGA 1  ¡Qué va!

(*Mientras, en la mesa de* CRISTIAN *y sus amigos.*)

CRISTIAN  ¿Has visto a las pibas esas de la otra mesa?

AMIGO 1  Sí. Están buenas. Sobre todo la morena.

CRISTIAN  Ya te digo. Me mola.

AMIGO 2  Yo ya las he visto otras veces por el barrio. Pero
aquí en La Esquina, nunca.

CRISTIAN  Voy a pedirles fuego. A ver qué se cuentan.

14

AMIGO 1    No jodas…

            (CRISTIAN *camina hacia la otra mesa mientras saca un cigarro de su paquete de tabaco y se lo pone en la oreja.*)

CRISTIAN    ¿Tenéis fuego, guapas?

MARCELA    Yo sí. (*Se medio incorpora y se palpa el bolsillo.*) Toma. (*Le tiende el mechero, mirándole a los ojos mientras lo hace.*)

            (CRISTIAN, *mirándola también, tarda un par de segundos en coger el mechero. Después lo coge y se enciende el cigarro que llevaba a la oreja. Finalmente, le devuelve el mechero a* MARCELA.)

CRISTIAN    Gracias, preciosa.

MARCELA    (*Algo avergonzada.*) Eh, de nada.

CRISTIAN    ¿Vosotras paráis mucho por aquí?

AMIGA 1    Sí, bastante. Por el barrio siempre. Y en este bar, algunas veces.

AMIGO 2    (*Desde la otra mesa.*) Yo en este bar no os había visto nunca.

AMIGA 1    Pues hemos venido mazo de veces.

CRISTIAN    (*Dirigiéndose a* MARCELA.) ¿Y hoy qué hacéis? Si se puede saber…

MARCELA   Pues justo estábamos hablando de eso. Aún no lo sabemos.

CRISTIAN   Ah.

AMIGA 1   ¿Vosotros dónde vais?

CRISTIAN   ¿Hoy?

AMIGA 1   Bueno, en general.

CRISTIAN   Pues tomamos la primera aquí o en La Estrella. Bueno, las primeras, jajaja. Y luego ya, pues nos movemos. Vamos para el Baladas, para el Tropicana o para el Kus. A cualquiera de los que están por la zona de Oporto, vamos. ¿Y vosotras?

MARCELA   A esos no solemos ir. Al que más vamos es al Mercurio. Y a veces también al Triángulo.

CRISTIAN   (*Mirando solo a* MARCELA.) Bueno. Pues a ver si nos vemos por ahí alguna vez.

AMIGA 2   Cuando queráis.

AMIGO 1   Bueno, igual vamos hoy para alguno de esos garitos que habéis dicho.

(*Oscuro*)

## Escena 2

*Interior del bar El Segoviano, en la Avenida de Nuestra Señora de Valvanera. Domingo a las 14:05. REMIGIO y AGUSTÍN toman algo cada uno por su cuenta aunque de vez en cuando hablan. También interviene ANSELMO, el tabernero.*

REMIGIO *(Mirando a la televisión, está el telediario.)* Vaya condena nos ha caído con el inútil este. *(Se refiere al presidente del gobierno, que justo aparece en la pantalla.)*

AGUSTÍN Ya te digo. Bueno, ya le queda poco.

REMIGIO Bueno, bueno... espérate.

AGUSTÍN Ni de coña gana otra vez.

REMIGIO Tú espérate a comprobarlo. Ojalá me equivoque, pero... este país está lleno de cazurros. Dicen que cada uno tiene lo que se merece, y a nosotros los españoles nos pasa eso. Así es la cosa.

ANSELMO *(Saliendo de la cocina.)* Qué hablaréis...

REMIGIO Buenooo... Contigo mejor nada.

ANSELMO Eso es que ya estáis hablando de política.

REMIGIO   De política no. De tu presidente. Que lo que hace es cualquier cosa menos política.

ANSELMO   Son mejores los tuyos, ¿no te jode?

REMIGIO   No. Si son todos unos sinvergüenzas. Si lo sabemos. Pero por lo menos, algunos tienen unos límites. O por lo menos todavía no hemos comprobado que no los tengan, porque no han salido nunca. Así es la cosa.

*(Hay un silencio.)*

AGUSTÍN   Sí, Anselmo, sí, lleva razón este. *(Señala con la cabeza a* REMIGIO.*)*

ANSELMO   Claro. ¿Qué vas a decir tú que eres de los suyos?

*(Entra en el bar* ASSANE.*)*

ASSANE   Buenos días.

AGUSTÍN   Buenooo. El que faltaba. Ya estamos todos.

ASSANE   *(Amagándole un puñetazo en el estómago a* AGUSTÍN, *de broma.)* ¿Qué te pasa a ti?

AGUSTÍN   Nada, aquí, discutiendo estamos.

ASSANE   ¿Y eso? ¿Qué ha pasado?

REMIGIO   No, hombre, no estamos discutiendo. Solo estamos hablando.

ASSANE    Ah, de política, ¿a que sí?

AGUSTÍN    Correcto.

ASSANE    Siempre estáis igual. Sois unos pesados.

REMIGIO    ¿Y de qué quieres que hablemos?

ANSELMO    Hablad de fútbol. Que ayer ganó el Atleti.

REMIGIO    Uy el Atleti...

ANSELMO    ¿Qué pasa?

REMIGIO    Que con dos partidos que ganáis, os emocionáis.

ANSELMO    Bueno, bueno. Es la jornada diez.

REMIGIO    Pues eso... Que queda mucho.

ANSELMO    Quedará lo que tenga que quedar. Pero prefiero que vaya el primero. Eso siempre.

REMIGIO    Muy bien. Si el Madrid se pone líder en la jornada 38, id todo lo líderes que queráis antes. Así es la cosa.

AGUSTÍN    Bueno, que yo aquí estoy del lado de Anselmo, ¿eh? Y Assane también.

ASSANE    ¿Yo? Bueno, sí, a mí me gusta el Atleti.

AGUSTÍN    Pues eso.

REMIGIO    Si ya lo sé. Todos los sufridores os apoyáis entre vosotros.

AGUSTÍN    Bueno, últimamente, sufrir, poco. De todas formas, ya sabéis que a mí el fútbol tampoco me importa tanto.

ANSELMO    Bueno, venga, pues entonces vamos a cambiar de tema. Que luego enseguida os picáis.

REMIGIO    ¿Tampoco se puede hablar de fútbol? Ni de política ni de fútbol. Entonces, ¿de qué vamos a hablar? Al final no se va a poder hablar de nada en este bar. Voy para casa.

*(Ligeramente molesto. Saca dos monedas del bolsillo y las deja en el mostrador.)*

*(Oscuro)*

## Escena 3

*Terraza del bar La Esquina. Viernes a las 22.03. VEGA y PAZ en una mesa, CRISTIAN y sus amigos en otra, MARCELA y sus amigas en otra, ÁNGEL y su familia en otra.*

PAZ     En este bar cada vez ponen menos tapas.

VEGA     No está tan mal... Además, por lo menos están buenas. No como en La Estrella, que cada vez ponen más lo que les sobra del día anterior.

PAZ     Las que están muy bien son las de El Segoviano.

VEGA     Buah, pero eso es un antro. Yo ahí no voy.

PAZ     No digas eso porque has ido muchas veces.

VEGA     Pues anda que no hace... Ya paso de ir.

*(Entra KIKA, las ve, y va a sentarse con ellas. Cojea ostensiblemente; es su modo habitual de caminar.)*

VEGA     Hola, Kika. ¿Qué tal?

KIKA     Bien, hijas. Cansada.

VEGA     Pues tómate algo fresquito y verás cómo se te pasa.

(*Mientras, en la mesa de* Cristian *y sus amigos.*)

CRISTIAN  Que no hacen más que mirar para acá, tú. (*Mira a la mesa en la que están* Marcela *y sus amigas.*)

AMIGO 1  Si te digo yo que a la morena le molas.

CRISTIAN  Pues... que no se ponga tonta que...

AMIGO 2  Dile algo.

CRISTIAN  Ya le dije el finde pasado.

AMIGO 2  Pero más. Le tienes que decir más.

CRISTIAN  Como las veamos hoy en algún garito sí que la entro.

AMIGO 1  Si luego eres un cagado.

CRISTIAN  Que no, que no. Que esta piba me mola de verdad.

(*Mientras, en la mesa de* Marcela *y sus amigas.*)

MARCELA  Entonces hoy, a las once y media, ¿no?

AMIGA 2  Sí. Ahora subimos, nos duchamos y nos ponemos guapas. Y bajamos.

AMIGA 1  (*Mirando hacia la mesa de los chicos.*) Otra vez nos están mirando esos.

AMIGA 2    Yo creo que al rubio le gusta Marcela.

MARCELA    ¡Qué va! No creo.

AMIGA 1    No hay más que ver cómo te mira.

MARCELA    Mirará así a todas. O a muchas.

*(Entra* EMILIO *y se pone en otra mesa, solo, tras saludar y no recibir respuesta de nadie.)*

AMIGA 1    La verdad es que está bueno...

MARCELA    Pss. A mí no me gusta mucho.

AMIGA 2    Pues me parece que, entonces, le vas a tener que dar calabazas.

MARCELA    Pues se las daré. Menudo problema.

*(Mientras, en otra mesa.)*

ÁNGEL    Pues para el cumpleaños de la tía Carmen, este año vamos a hacer eso. Que es mi hermana y me apetece darle una sorpresa.

MUJER DE ÁNGEL    Como tú veas.

HIJO DE ÁNGEL    A mí no me parece mal.

*(Hay un silencio de unos segundos.)*

HIJO DE ÁNGEL    ¿A qué hora juega el Madrid este finde?

Ángel    Mañana a las seis y media.

Hijo de Ángel  Buena hora.

(CRISTIAN *y sus amigos se levantan. Amigo 1 reúne el dinero de todos y va a la barra a pagar. Los otros dos le esperan.*)

Mujer de Ángel  Pues a mí no me gusta esa hora. Ni echarnos la siesta podremos.

Hijo de Ángel  Pues vamos a comer antes. Que los findes comemos siempre tardísimo.

Ángel    Qué comer antes, ni qué comer antes… Lo que hay que hacer es no echarse la siesta. Que parece que tenéis ochenta años, con tanta siesta. (*Dirigiéndose al hijo.*) Sobre todo tú, que tiene veintiséis años… y que encima te levantas a las doce, y luego quieres dormir la siesta.

Hijo de Ángel  Pues claro.

Ángel    Vaya tela. (*Hace un gesto de fastidio.*) Menuda panda de vagos sois todos los chavales de tu edad.

(*Una vez que han pagado,* CRISTIAN *y sus amigos se dirigen a la mesa de* MARCELA *y sus amigas.*)

CRISTIAN  (*A todas.*) ¿Qué pasa, chicas? (*Ya solo mirando a* MARCELA.) ¿Dónde vais a ir hoy?

MARCELA  Hola. Creo que iremos al Mercurio.

AMIGO 1  ¿Creo? A ver si vamos a ir para allá y no vais a estar.

AMIGA 2  Hijo, pues si no estamos, ya llegaremos.

AMIGA 1  ¿Pero a vosotros también os gusta el Mercurio? No os hemos visto allí nunca.

CRISTIAN  A nosotros nos gusta ir… (*Mirando a* MARCELA, *y guiñándole un ojo.*) donde estáis vosotras.

(MARCELA *se ruboriza y fuerza una tos.*)

AMIGO 1  Pero decidnos a qué hora llegaréis, más o menos. Para hacernos una idea...

MARCELA  (*Esforzándose por recomponerse.*) Yo creo que sobre las doce estaremos llegando.

AMIGO 1  Vale, guay.

(*Mientras, en las otras mesas.*)

VEGA  Ya están los quinquis pico y pala otra vez…

PAZ  (*Dándose la vuelta, porque está de espaldas.*) Ya, ¿eh? El otro día igual. Yo creo que al rubito le gusta la morena.

KIKA  La morenica es muy guapa, la verdad.

25

VEGA       Yo creo que ese no se come un colín… No creo que la morena sea tan pava como para liarse con él.

           *(De nuevo en la otra mesa.)*

CRISTIAN   Adiós, chicas, luego nos vemos.

MARCELA, AMIGA 1 Y AMIGA 2   Adióoooos.

ÁNGEL      *(Dirigiéndose a* CRISTIAN *mientras este va con sus amigos hacia la puerta.)* ¿Qué? ¿Hay temita o no hay temita?

MUJER DE ÁNGEL   *(Dándole un codazo a* ÁNGEL.*)* ¡Tú cállate!

CRISTIAN   *(Mirando para atrás para comprobar que las chicas no le escuchan.)* Pff. Yo qué sé. Yo creo que sí. Jajaja.

ÁNGEL      Bueno, a ver si es verdad. Mañana me lo cuentas.

MUJER DE ÁNGEL   *(A* ÁNGEL.*)* ¡Cómo eres!

           *(Oscuro)*

## Escena 4

*Terraza del bar La Estrella, en la Plaza de Zeus. Sábado a las 13:30.* CRISTIAN *y sus amigos en una mesa,* REMIGIO *y* AGUSTÍN *en otra,* VEGA *y* PAZ *en otra,* ABDUL *y* MOHA *en otra,* SINDBAD *va y viene entre el interior del bar y la terraza.*

CRISTIAN *(Dirigiéndose al camarero.)* Sindbad, dos tercios más.

AMIGO 1 Y entonces, ¿qué pasó?

CRISTIAN Pues nada. Que me lie con ella.

AMIGO 1 ¿Pero allí mismo, fuera del garito?

CRISTIAN No, no, estuvimos ahí en la Plaza de la Palmera.

AMIGO 1 Pero si eso está mazo de lejos...

CRISTIAN Yo qué sé, fuimos dando un paseo.

*(Breve pausa, mientras* SINDBAD *trae y coloca en la mesa las dos cervezas.)*

CRISTIAN Estuvo muy guay, la verdad.

AMIGO 1 ¿Y qué pasó?

CRISTIAN Tronco, ¿qué va a pasar?

AMIGO 1    Pero cuéntame más.

CRISTIAN    Sí, ¿no te jode? Si quieres te cuento la talla de sujetador que usa.

AMIGO 1    ¿Le tocaste las tetas?

CRISTIAN    Pues claro, *tolai*.

AMIGO 1    ¿Y las tiene grandes?

CRISTIAN    Ya ves.

AMIGO 1    Qué cabrón.

*(Mientras, en la mesa de al lado.)*

REMIGIO    ¿Estás oyendo a estos? Parece que el rubio se lio con la sudaca. Con la morena. Con la que viene con las amiguitas.

AGUSTÍN    Ya llevaba rondándola un tiempo.

REMIGIO    Pues parece que ayer ya se liaron.

AGUSTÍN    La verdad es que está buena la cría esa.

REMIGIO    No jodas, Agustín… Pero si es una panchita.

AGUSTÍN    Ya, ya. Pero está buena.

REMIGIO    A mí las panchitas no me gustan.

AGUSTÍN    A mí en general tampoco, ¿eh? Pero hay que reconocer que esta está buena. Así es la cosa.

REMIGIO    A mí no me gusta.

AGUSTÍN    Bueno, tío, pero para un rato...

REMIGIO    A mí, ni para un rato.

*(Mientras, en la mesa de al lado.)*

ABDUL    *(Señalando con la cabeza a la mesa de* CRISTIAN *y su amigo.)* Vaya gente. Los españoles siempre bebiendo alcohol y perdidos con las mujeres. Yo no les entiendo. Dios les ha dado un cuerpo sano y ellos lo destrozan bebiendo alcohol.

MOHA    Peor para ellos.

ABDUL    Además, no tienen ninguna moral.

MOHA    Es a lo que están acostumbrados.

ABDUL    Y lo peor es que la sociedad lo ve bien. Se ríen las gracias entre ellos y nadie parece pensar que esté mal.

MOHA    Yo prefiero las cosas como son en Marruecos.

ABDUL    Y yo también. Pero allí no hay trabajo, amigo.

MOHA    Sí, ya lo sé. Pero cuando ahorre un poco voy a volver.

ABDUL      Yo no, amigo. Eso pensaba cuando tenía tu edad. Pero ahora ya no. Aquí se vive bien. Y ellos que hagan y que piensen lo que quieran. Somos muy diferentes a ellos, nunca nos vamos a entender. Pero a mí no me importa; puedo ser feliz aquí igualmente.

MOHA      Pues yo no les trago. Yo tengo una casa a medio construir en Tetuán. Volveré allí, la terminaré, y ya me quedaré.

ABDUL      ¿Y de qué vas a trabajar?

MOHA      Pondré mi propio negocio. Un restaurante, o una tienda, ya veré.

ABDUL      No te creas que es tan fácil.

MOHA      Bueno, pues yo lo intentaré. No quiero vivir aquí toda mi vida.

ABDUL      Yo creo que te terminarás acostumbrando y te quedarás. Es lo que nos pasa a todos.

*(Mientras, en la mesa de al lado.)*

PAZ      Parece que el quinqui triunfó ayer.

VEGA      Eso parece.

PAZ      ¿Será flor de un día, o irán en serio?

VEGA      Flor… de una noche.

PAZ         No sé yo.

VEGA        ¿Y eso?

PAZ         El quinqui parece que está coladito.

VEGA        Ya, pero ella pasa.

PAZ         No te creas que pasa tanto.

VEGA        Yo creo que sí. Se habrá liado con él porque le
            molará físicamente. Pero parece más lista.

PAZ         Yo te digo que van a empezar algo más serio. Lo
            que duren, ya no lo sé. Pero van a empezar.

            *(Oscuro)*

## ACTO 2
(El invierno)

### Escena 5

*Interior del bar El Segoviano. Sábado, 20:12 de la tarde.* AGUSTÍN, ÁNGEL y ASSANE *a un lado de la barra,* ANSELMO *al otro.*

AGUSTÍN ¿Habéis visto lo que dicen los sondeos? *(señala a la televisión.)*

ANSELMO Sí. Vaya telita.

AGUSTÍN Vaya telita, ¿por qué?

ANSELMO Porque como entren en el gobierno esos, estamos apañados.

ÁNGEL No van a entrar.

AGUSTÍN ¿Por qué?

ÁNGEL Porque los sondeos siempre se equivocan. Eso es peor que la previsión del tiempo, jajaja.

AGUSTÍN Pues yo espero que sí entren. *(A* ANSELMO.*)* Ponme otro botijo.

*(*ANSELMO *va a buscarlo y se lo pone sobre la barra.)*

Assane     Esos no van a sacar muchos votos.

Anselmo     (*A* Assane.) Tú cállate, que como formen gobierno con el centro derecha, te tienes que volver a tu país.

Assane     No van a formar gobierno. (*Después de hablar, se pone a teclear en su teléfono móvil.*)

Agustín     Pues no se tendría que ir a su país. Lo que pasaría es que no podría venir cualquiera. No podrían venir todos.

Anselmo     Ese es un tema muy complicado.

Agustín     Complicado, ¿por qué?

Anselmo     Porque es algo muy difícil de regular.

Agustín     No lo veo nada difícil. Simplemente hay que llevar un control.

Ángel     (*A* Agustín.) Pues tú ándate con ojo, porque a tu mujer y a sus hijos igual también los largan.

Agustín     Pero que no, vamos a ver, que eso no es así. No tiene por qué ser así. No van a echar a nadie que esté legal y sea honrado y trabajador.

Anselmo     Eso habría que verlo.

Agustín     Siempre estáis con lo mismo, con lo de la inmigración. Pero estáis muy equivocados. No iban a echar a nadie.

ANSELMO  Agustín, que una cosa es lo que empiezan diciendo, y otra lo que terminan haciendo. Lo que dicen es solamente la punta del iceberg. ¿O es que no sabes lo que pasó con los nazis? Al principio, cuando se presentaron a las elecciones, todo eran buenas palabras y propósitos. Pero luego… No hace falta que te cuente cómo terminó la cosa.

AGUSTÍN  Qué pesados sois. No tenéis ni idea.

ÁNGEL  Bueno, vamos a lo importante. ¿A qué hora juega el Madrid?

ANSELMO  Mañana a las nueve.

ÁNGEL  Joder, otra vez a las nueve. Estoy hasta los huevos de ese horario.

ANSELMO  ¿Qué pasa, que os perjudica?

ÁNGEL  No nos perjudica, pero termina muy tarde. Y al día siguiente hay que trabajar.

AGUSTÍN  Joder. ¿A las once es muy tarde?

ÁNGEL  Sí señor. Para mí, sí.

AGUSTÍN  ¿A qué hora te acuestas tú habitualmente?

ÁNGEL  A las diez.

AGUSTÍN  Jajaja. Como mi abuelo.

Ángel   Pues claro que sí. Como debe ser. A mí me gusta el fútbol por la tarde, no por la noche. A mi hijo no, mi hijo dice que le estropea la siesta. Será vago… No hace nada más que comer, dormir y cagar.

Anselmo Pues el Atleti también juega hoy a las nueve y no nos quejamos.

Ángel   Por lo menos es un sábado. Al día siguiente no hay que madrugar.

Agustín Cada vez estás más cascarrabias, macho.

Ángel   (A Anselmo.) Hoy perdéis.

Anselmo No creo.

Ángel   El Celta de Vigo es peligroso.

Anselmo Yo creo que le metemos mano.

Assane  ¿A quién vas a meter tú mano? (Levantando la vista del teléfono móvil.)

Agustín Coño, pero si estás ahí todavía. Creía que te habías ido. Te tiene el móvil absorbido.

Assane  Estoy hablando con mi familia.

Agustín ¿Con cuál de ellas? Si eres como los piratas, cabrón, que tenían una mujer en cada puerto, jajaja.

ASSANE    Jajaja.

ÁNGEL    (*A* ANSELMO.) Pues, insisto, yo creo que hoy per-
         déis.

ANSELMO  Bueno, bueno. Eso decís siempre. Que lleváis
         con lo de que «ya caerá el Atleti» tres meses.

         (*Oscuro*)

## Escena 6

*Interior del bar La Estrella. 21:37 horas del sábado.* CRISTIAN *y* MARCELA *en una mesa. El resto de las personas están de pie; son* VEGA, PAZ, ASSANE *y* KIKA.

CRISTIAN  ¿Te gustó el día de ayer?

MARCELA  Sí. Mucho.

CRISTIAN  Lo pensé todo con mucho cariño.

MARCELA  Salió muy bien.

CRISTIAN  ¿Qué es lo que más te gustó?

MARCELA  El teleférico.

CRISTIAN  ¿Y el paseo en barca en el lago no?

MARCELA  También. Pero me has dicho que te dijera lo que más me gustó, jajaja.

CRISTIAN  Es verdad... Podemos repetir el plan otro día.

MARCELA  Sí.

CRISTIAN  ¿Te gustaría?

MARCELA  Sí.

CRISTIAN  Y hoy, ¿qué hacemos?

MARCELA  Estar tranquilitos. En casita. Mis padres no están. Te puedes venir.

CRISTIAN  ¿A dormir?

MARCELA  No, a dormir no. Pero podemos ver una peli.

CRISTIAN  Vale.

*(Mientras, a apenas unos metros.)*

ASSANE  Ponle otro botellín a Kika, Sindbad. Yo se lo pago.

KIKA  Gracias, guapo. ¡Mi negro!

SINDBAD  Aquí tienes, Kika. Pero este es el último, ¿eh?

KIKA  ¿Por qué?

SINDBAD  Porque ya has tomado muchos. Y luego pasa lo que pasa…

ASSANE  No le hagas caso, Kika. Vamos a bailar.

*(Se ponen a bailar.)*

PAZ  Para bailar no te duele la pierna, ¿eh, Kika?

VEGA  Ya te digo.

KIKA    (*Mientras baila.*) Hoy me duele menos.

PAZ    Ya, ya. Entonces hoy no te tendremos que acompañar a casa.

KIKA    Síii, eso sí, hija. Que me viene muy bien.

PAZ    ¿Pero no dices que te duele menos? Jajaja. No tienes tú cuento ni nada...

VEGA    ¿Esta? Le duele cuando quiere.

KIKA    (*A* ASSANE.) ¿Cuándo nos casamos, negro mío?

ASSANE    Jajaja.

   (*De repente,* SINDBAD *sale corriendo de detrás de la barra, alarmado.*)

SINDBAD    ¿Qué pasa ahí?

PAZ    ¿Dónde?

SINDBAD    En frente. En la plaza. Se están pegando.

VEGA    (*Mientras se acerca a la ventana.*) ¿Quién?

   PAZ, ASSANE *y* KIKA *también se acercan a la ventana.* CRISTIAN *se levanta y mira a través de la ventana aunque sin acercarse a ella.* MARCELA *se queda sentada y apenas estira el cuello para mirar.*)

PAZ    Yo creo que son los colombianos esos.

VEGA    ¿Esos de ahí? Son peruanos.

PAZ    Bueno, lo que sean.

VEGA    Si antes he pasado yo y ya la estaban liando.

PAZ    ¿Y con quién es?

VEGA    Con los chavales esos de ahí. Los que están de pie ahora. Estaban sentados en el banco cuando hemos pasado por ahí.

PAZ    ¿Y quiénes son?

VEGA    No sé, yo los conozco de vista.

PAZ    Pues yo no.

ASSANE    Esos sudamericanos siempre están trayendo problemas.

(MARCELA *hace un gesto de desprecio, aunque permanece callada.* CRISTIAN *mira a* MARCELA *pero tampoco dice nada.*)

VEGA    Pues no. Hay de todo. Los hay muy majos también.

ASSANE    Pocos. Beben mucho. Y no saben beber.

KIKA    (*A* ASSANE.) Vamos a seguir bailando, negro.

ASSANE    Espera.

PAZ         Pero, ¿qué hace ese? ¡Está loco! (*Se lleva las manos a la cabeza.*)

VEGA        Madre mía.

PAZ         Menos mal que le han sujetado. Llevaba una botella en la mano.

VEGA        Le hubiera reventado la cabeza.

PAZ         Ha salido Felipe y todo.

VEGA        No me extraña.

PAZ         Les debe de estar diciendo que se vayan a pegarse a otro sitio, no al lado de su bar.

VEGA        Claro.

PAZ         Mira, llega la policía.

KIKA        A buenas horas.

VEGA        No han tardado tanto…

PAZ         Vaya tela. Cómo están las cabezas.

VEGA        Ya te digo.

KIKA        (*A* ASSANE.) Ya está, vamos a seguir bailando.

ASSANE      Espera, mujer.

SINDBAD  *(Volviendo a la barra.)* El barrio está cada vez peor, ¿eh?

PAZ  Yo creo que sí. Esto hace dos años cuando llegamos nosotras no era así.

KIKA  Ni hace dos años, ni nunca.

*(Oscuro)*

## Escena 7

*Interior de La Esquina. 20:18 del domingo.* Agustín *y* Assane *en la barra.* Emilio *a una mesa.* Felipe *detrás de la barra.*

Agustín   Bueno, pues ya va a empezar el Madrid.

Felipe   Joder… Todavía quedan casi tres cuartos de hora.

Agustín   Sí, pero conectan antes.

Felipe   Qué va. Hay otro partido que termina casi a la misma hora.

Agustín   Pero es en otro canal. Venga, que hoy tienen que perder.

Felipe   ¿Perder? Ahora el que pierde siempre es el Atleti, como ayer.

Agustín   Qué va. Solo han sido un par de partidos malos. Pero ahí sigue, líder.

Assane   Bueno, Felipe, ¿y qué pasó ayer?

Felipe   ¿Que qué pasó ayer? Menudos sinvergüenzas.

Agustín   ¿Qué pasó, de qué? ¿Quiénes son unos sinvergüenzas?

ASSANE        Hubo una pelea.

AGUSTÍN       ¿Dónde? ¿Aquí?

ASSANE        Ahí fuera.

AGUSTÍN       ¿Quién fue? ¿Y por qué?

ASSANE        No sé, yo no estaba.

AGUSTÍN       ¿Entonces?

ASSANE        Yo estaba en La Estrella. Lo vi desde enfrente.

AGUSTÍN       ¿Qué pasó, Felipe? *(Dirigiéndose a él.)*

FELIPE        ¿Pues qué va a pasar? Que son unos hijos de puta.

AGUSTÍN       Pero, ¿quiénes fueron?

FELIPE        Los peruanos.

EMILIO        *(Entrando en la conversación desde la mesa a la que se sienta.)* Los peruanos, con unos españoles.

FELIPE        Sí, pero la liaron los peruanos. Como siempre.

AGUSTÍN       *(A* EMILIO.*)* ¿Tú los viste? ¿Cómo fue?

EMILIO        Bueno, no me enteré de mucho. Cuando me quise dar cuenta, ya se había liado. Creo que uno de los peruanos le tiró una cerveza a uno de los chicos españoles. El chico le dijo que se la tenía que pagar y el peruano no quiso. Y ahí se lio.

AGUSTÍN    Ya sé qué peruanos son. Los que beben ahí fuera, ¿a que sí?

ASSANE    Sí.

FELIPE    Los hijos de puta esos, sí.

AGUSTÍN    Es verdad que esos tienen mucho peligro. Se ponen ahí a beber latas del chino y les dicen cosas a las tías que pasan y todo. ¿Y cómo fue la pelea? ¿Se dieron de verdad?

FELIPE    Nada. Luego no se pegan ni nada.

ASSANE    Bueno, uno salió con una botella a dar a otro.

EMILIO    Sí, pero le pararon.

FELIPE    No le hubiera dado de todas formas. Os digo yo que solo es el numerito, porque luego son unos acojonados.

ASSANE    Esos peruanos siempre la están liando, lleva razón Felipe. No saben beber.

EMILIO    Para mí fue culpa de las dos partes. Tampoco puedes exigir que te paguen una cerveza que te han tirado. O que se ha caído. Porque a saber cómo fue... Si te la pagan, bien; si no, no puedes exigirlo.

AGUSTÍN    Bueno, esa es una norma no escrita. El que tira un botijo, paga otro.

EMILIO     Bueno, esa es tu forma de verlo.

AGUSTÍN    Que no, hombre, que en el bar toda la vida ha sido así.

EMILIO     En el bar… en tu entorno, con la gente que tú conoces, y en lo que tú has vivido. Pero a saber en otros sitios. Vamos, que a mí me da igual, ¿eh? No voy a discutir por esto. Pero hay que ser conscientes de que no en todos los lugares del mundo se vive igual, ni se tienen las mismas costumbres, ni hay las mismas normas, escritas y no escritas.

AGUSTÍN    En otros sitios será como sea. Pero esto es España.

FELIPE     Eso es. Los que vengan aquí se tienen que adaptar a nuestras normas. Y si no, que se vayan a su puto país.

EMILIO     Eso no es tan fácil.

FELIPE     ¿Cómo que no?

EMILIO     Pues eso, que no es tan sencillo. ¿Dónde está la frontera entre adaptarte a las normas del lugar al que vas y querer conservar la cultura en la que te has educado? ¿Nos adaptamos a todo los españoles cuando vamos a otros países, aunque sea a hacer turismo? No es tan sencillo. Eso es lo que quiero decir. Es solo mi opinión. Sea como sea, yo creo que la solución a una pelea de un bar no es que se vayan todos los peruanos a su país.

FELIPE    Pero si no es una pelea en un bar. Es que está el barrio que da asco.

EMILIO    Y es por los peruanos, ¿no?

FELIPE    Es por todos. Que se vayan todos a su país.

ASSANE    Ya estamos... Eso es pagar justos por pecadores.

EMILIO    Ah, todos... Y los chicos españoles de la pelea de ayer, ¿también se tienen que ir a su país?

FELIPE    No, esos no.

EMILIO    Ah.

FELIPE    Esos ya están en su país, y si no les provocan no la lían.

EMILIO    Entonces, ¿cuando se pelean dos españoles, o dos grupos de españoles?

FELIPE    Eehh.

AGUSTÍN   Venga, que va a empezar el Madrid ya. Ve poniéndolo, Felipe.

FELIPE    Quedan todavía veinte minutos...

(*Oscuro*)

## Escena 8

*Interior de La Esquina. 19:56 del jueves.* CRISTIAN *y* MARCELA *en una mesa,* REMIGIO *en otra, y* EMILIO *en otra.*

MARCELA   Si ya sabía yo que tarde o temprano mi padre la iba a liar.

CRISTIAN   Yo también lo sabía. Pero vamos, que a mí me da igual.

MARCELA   ¿Cómo puede darte igual?

CRISTIAN   Me la suda lo que piensen tus viejos.

MARCELA   Pues no debería. Aunque solo sea por mí.

CRISTIAN   Chica, por ti sí que me jode, claro…

MARCELA   Pues no se nota.

CRISTIAN   ¿Y qué quieres que haga yo?

*(Mientras, en las otras mesas.)*

REMIGIO   *(Dirigiéndose a* EMILIO, *que está leyendo un libro en la mesa de al lado.)* A ti te quería preguntar yo. Que pareces culto… ¿Has visto los últimos sondeos electorales?

EMILIO    (*Dejando el libro.*) Algo he visto. Pero muy por encima.

REMIGIO   Ah, yo creía que estarías muy informado. Como se te ve tan intelectual...

EMILIO    Bueno, de la política paso un poco, la verdad.

REMIGIO   Por cierto, ¿cómo te llamas?

EMILIO    Emilio.

REMIGIO   Encantado, Emilio. Tantas veces viéndonos por aquí, e incluso hablando algunas veces pero no sabía tu nombre. Yo soy Remigio.

EMILIO    Sí, es verdad. Encantado.

REMIGIO   Pues parece que los de Orgullo Nacional van fuerte.

EMILIO    ¿Quién? Ah, sí, esos...

REMIGIO   Yo creo que este año por lo menos entran en el gobierno. Están terceros ya en los sondeos y va quedando menos para las elecciones... Así es la cosa.

EMILIO    Los sondeos muchas veces engañan.

REMIGIO   Sí, pero yo creo que este año es el bueno. Por fin van a enderezar este país.

EMILIO    Me temo que en eso no coincidimos.

REMIGIO    Ah, ¿tú no votarás a Orgullo Nacional?

EMILIO    Bueno, aún no sé a quién votaré. Pero me temo que ese partido no va mucho conmigo. O, mejor dicho, yo no voy con él.

REMIGIO    Yo no soy racista, ni machista, ni nada, ¿sabes? Pero la verdad es que hay muchas cosas que dicen en las que llevan más razón que unos santos... Así es la cosa.

(EMILIO *no contesta.*)

REMIGIO    Y lo de España y lo español, pues qué quieres que te diga... A mí sí que me importa España.

EMILIO    Claro. Haces muy bien.

(*En ese momento, en la mesa de* MARCELA *y* CRISTIAN.)

MARCELA    ¿Por qué no organizamos un encuentro?

CRISTIAN    ¿Un encuentro?

MARCELA    Sí, un encuentro entre tu familia y la mía.

CRISTIAN    ¿Estás loca?

MARCELA    ¿Loca? ¿Por qué? A lo mejor se caían bien y se solucionaba todo.

CRISTIAN   Ni de coña, vamos.

MARCELA   Pero, ¿por qué no?

CRISTIAN   Le digo a mi madre que estoy contigo, y me planta un bofetón que me queda la marca para dos meses.

MARCELA   ¿Conmigo? Pero si no me conoce.

CRISTIAN   Contigo, o con cualquier…

MARCELA   ¿Sudamericana?

CRISTIAN   Sí.

MARCELA   No me lo puedo creer. ¿Tu familia es así?

CRISTIAN   Mi familia no. Mi madre…

MARCELA   Sí, pero ella, junto a tu padre, te ha educado… Has crecido en un entorno así.

CRISTIAN   Bueno, bueno, no exageres. Ya ves tú lo que me ha educado mi madre. Esa, educar, poco.

MARCELA   No lo sé… Pero algo tenemos que hacer. Yo quiero seguir contigo.

CRISTIAN   Y yo, cariño (*Le coge la mano.*)

(*En una de las otras mesas,* REMIGIO *se levanta a pagar.*)

REMIGIO    (*En voz notablemente alta, para que le escuchen todos los presentes.*) Cóbrate los botellines de la pareja, Felipe. (*Señala a* CRISTIAN *y* MARCELA *con un gesto de la cabeza*). Y el del señor también. (*Señala a* EMILIO).

FELIPE    Eso está hecho.

EMILIO    Gracias, Remigio.

CRISTIAN    Gracias, Remi.

REMIGIO    De nada, un placer.

FELIPE    Aquí tienes las vueltas. (*Le tiende la mano para entregárselas.*)

REMIGIO    (*Coge las vueltas y camina hacia la salida.*) Este año vamos fuerte con Orgullo Nacional, ¿eh, Cris? (*Dirigiéndose a* CRISTIAN.)

CRISTIAN    Por supuesto.

REMIGIO    Hasta luego. (REMIGIO *sale del bar.*)

MARCELA    ¿Qué es eso del Orgullo Nacional?

CRISTIAN    Nada, un partido político.

MARCELA    Ah.

(*Oscuro*)

## ACTO 3
(La primavera)

## Escena 9

*Terraza de La Estrella. 12:32 del sábado.* Vega, Paz *y* Kika *en una mesa; el resto de mesas vacías.*

PAZ       Qué vacío está esto hoy, ¿no?

VEGA      Dentro hay dos personas.

PAZ       Sí, me refería a la terraza. Con el buen día que hace.

KIKA      No creas que hace tan buen día, ¿eh? Que hace un airecillo...

VEGA      Hace muy buen día. Y ahora irá haciendo más calor.

KIKA      Mira, por ahí va el padre de la Marcela. *(Señala con el dedo a su frente.)*

          *(*PAZ, *que está de perfil, se gira para mirar, y* VEGA, *que está de espaldas, se da la vuelta para hacer lo mismo.)*

VEGA      ¿Ese es? No lo conocía.

PAZ      Yo sí. Antes, cuando ella era más pequeña, he visto alguna vez a toda la familia junta, en el bar.

VEGA     Ah, pues yo no me acuerdo de haberles visto nunca. Creo que nunca lo he visto en un bar.

KIKA     ¿Que nunca le has visto en un bar? Pues ya sería difícil. Ese hombre se pasa la vida en el bar...

VEGA     Pues no será aquí en los del barrio.

KIKA     No, ahora va siempre al Azul, que está ahí en Carpetana, al lado del metro de Carabanchel.

VEGA     Joder, Kika, cómo te tienes controlado a todo el mundo.

PAZ      Ya te digo.

KIKA     Qué va, a mí lo que me cuentan.

PAZ      Ya, ya. Más lo que ves con tus propios ojitos.

KIKA     Pues me han contado que el otro día se le fue la mano bebiendo y se encontró con Cristian, y ahí tuvieron sus problemillas...

VEGA     Ah, ¿sí? ¿Qué problemillas?

KIKA     No sé, a mí lo que me han contado.

VEGA     ¿Y qué te han contado exactamente?

KIKA      Pues eso, que se pasó bebiendo. Y al parecer Cristian estaba en el mismo bar, con uno de sus amigos. Y el padre de Marcela, que no sé ni cómo se llama…

PAZ       *(Interrumpiendo, y riendo.)* Pues para que no lo sepas tú…

VEGA      *(A PAZ.)* ¡Calla! Que nos está contando lo que pasó… Sigue, Kika.

KIKA      Pues eso, que el padre de Marcela se acercó donde estaba Cristian con el amigo y le preguntó si él estaba saliendo con su hija. Al parecer Cristian se quedó callado, sin saber qué decir.

VEGA      ¿Y qué pasó luego?

KIKA      Pues que le amenazó. Le dijo que si no lo dejaba con su hija pronto iba a tener problemas… Y que ni se le ocurriese decirle a Marcela que él le había dicho eso porque en ese caso tendría más problemas todavía.

PAZ       ¿Y cómo sabes eso, con tantos detalles? ¿También te lo han contado?

KIKA      Claro.

PAZ       Pues ya podía estar cerca de ellos el que te lo ha contado. Porque vamos, se enteró de toda la conversación.

VEGA    ¿Quién te lo ha contado?

KIKA    Eso no te lo puedo decir.

PAZ     ¿Y no será que has puesto un poquito de tu imaginación también?

KIKA    ¿Yo? Para nada. ¿A mí qué más me da todo eso?

PAZ     Ya, ya.

VEGA    Bueno, ¿y qué pasó después?

KIKA    ¿Después? Nada más, que yo sepa.

VEGA    ¿Pero lo han dejado Cristian y Marcela?

KIKA    No lo sé. Yo de eso ya no sé nada.

PAZ     Pues no creo porque ayer mismo les vi juntos.

VEGA    ¿Pero cuándo pasó eso en el bar de Carpetana, Kika?

KIKA    Hace unos días.

VEGA    ¿Pero no sabes cuántos?

KIKA    No. La semana pasada debió de ser.

PAZ     A lo mejor el padre les da todavía un tiempo… si es que es verdad toda esta historia.

KIKA    ¡Que sí, que es verdad!

PAZ     Vale, vale…

        *(Oscuro)*

## Escena 10

*Interior de La Esquina. 21.07 del sábado.* Emilio *en una mesa,* Paz *y* Vega *en otra,* Ángel *en otra,* Agustín, Remigio, Cristian *y* Assane *en otra. Están jugando el Atlético de Madrid y el Real Madrid el derbi de la ciudad. El Atleti sigue líder pero con solo 1 punto de distancia sobre el Real Madrid. El partido lleva 7 minutos.*

Agustín    ¡Vamos!

Remigio    Tranquilo, chaval… Que pasan del medio campo y os emocionáis.

Cristian   Ya ves…

Agustín    Pero si está dominando el Atleti hasta ahora.

Remigio    ¿Dominando? ¿Y dónde ves tú el dominio? Si ni han tirado a puerta.

Agustín    Está teniendo el balón todo el rato, ¿o no lo ves?

Ángel      ¿Y eso para qué sirve?

Agustín    Hombre, para marcar gol tienes que tener el balón…

ÁNGEL    O robarlo y hacer un contraataque.

(*Mientras, en otra mesa.*)

VEGA    Pues yo hoy voy con el Atleti.

PAZ    Tú, con tal de ir contra mí...

VEGA    Que no, tía, que el Betis y el Atleti siempre se han llevado Bien.

PAZ    Ya, ya.

VEGA    Además, el Madrid ya cansa...

(*Mientras.*)

AGUSTÍN    (*mirando a la televisión.*) ¡Eh! ¡Eso es falta! ¡Y tarjeta amarilla!

CRISTIAN    Jajaja. ¿Y la de antes?

AGUSTÍN    ¿Cuál de antes?

CRISTIAN    La que ha hecho uno del Atleti igualita que esta.

AGUSTÍN    No sé cuál dices.

CRISTIAN    Pues una igual, un pisotón parecido, del lateral derecho.

AGUSTÍN    Ya sé a cuál te refieres, pero esa ha sido mucho menos, hombre...

CRISTIAN   Ni de coña.

ÁNGEL   (*Mirando a la barra.*) Felipe, ponte otro tercio.

FELIPE   Voy.

CRISTIAN   (*También mirando a la barra.*) A mí ponme otro whisky con naranja.

FELIPE   Oído cocina.

ASSANE   Está jugando mejor el Atleti, ¿eh?

AGUSTÍN   Claro que sí.

REMIGIO   Pero, ¿qué dices?

ASSANE   Sí, para mí sí.

(FELIPE *se acerca a las mesas y deja en ellas las consumiciones solicitadas.*)

ÁNGEL   Gracias, Felipe.

FELIPE   Nada. Para eso estamos.

AGUSTÍN   ¡Vamos! ¡¡Vamos!! ¡¡Tira!! ¡Goooool! (*Se levanta y celebra el gol con los brazos en alto.*)

REMIGIO   Qué sucios. Había uno del Madrid en el suelo y no han tirado el balón fuera. Así es la cosa.

AGUSTÍN ¡Goooool! *(Se abraza con* ASSANE *y choca la palma de la mano con* EMILIO.*)*

ÁNGEL Tan sucios como siempre, sí.

REMIGIO De todas formas, queda mucho partido. *(Señalando con la cabeza a* AGUSTÍN.*)* Este lo está celebrando como si fuera el gol que les da la Copa de Europa.

AGUSTÍN A ver si no voy a poder celebrarlo.

REMIGIO Sí, chico, pero que queda mucho partido todavía.

EMILIO Lo de tirar el balón fuera, hay una normativa nueva. No se está obligado a tirarlo fuera y es el árbitro el que tiene que decidir si para el juego.

AGUSTÍN Eso es.

REMIGIO No sé, no he oído nada de eso. Toda la vida se ha tirado el balón fuera, por deportividad.

EMILIO Pues ya no es necesario.

REMIGIO No lo será, pero es un gesto de deportividad. Así es la cosa.

EMILIO Todo lo que tú quieras. Pero bueno, seguramente si la jugada hubiera sido al revés, estarías defendiendo lo contrario.

REMIGIO   Pues no. A mí me gusta que el Madrid juegue limpio…

EMILIO   Pues hace dos semanas marcó el Madrid un gol con la mano. ¿Te quejaste ahí?

REMIGIO   No. Pero es que eso es picardía del jugador. Es diferente. De toda la vida los jugadores listos y pillos han hecho esas cosas. Y oye, si no les pillan…

EMILIO   Jajaja. Picardía… Jugadores pillos… Ya veo, ya.

(Oscuro)

## Escena 11

*Interior de La Estrella. 22.14 del domingo. En la televisión, un programa especial sobre las elecciones que se han celebrado durante el día. Lo siguen con atención* REMIGIO, AGUSTÍN *y* ASSANE *desde la barra,* PAZ *y* VEGA *desde una mesa,* EMILIO *desde otra.*

ASSANE    No me puedo creer que vayan a salir estos.

AGUSTÍN   Me acuerdo de que Ángel decía que no iban a salir. Bueno, es que decía que no les iba a dar ni para entrar en el gobierno. Y mira...

ASSANE    Es que no se lo cree nadie.

AGUSTÍN   ¿Y por qué no se lo va a creer nadie?

ASSANE    Porque están muy locos. No creo que mucha gente pensase que podían salir unos así.

AGUSTÍN   Que no están locos, hombre. Han dicho cuatro verdades que muchos estábamos deseando escuchar y se han ganado a la gente.

VEGA      ¿Verdades? Y barbaridades...

AGUSTÍN   ¿Qué barbaridades han dicho, a ver?

EMILIO  (*Se le nota ligeramente achispado.*) Terminamos antes si contamos lo que no es una barbaridad, de todo lo que han dicho.

AGUSTÍN  Pues no estoy de acuerdo.

PAZ  Normal. Es lo que a ti te gusta. Por eso les votas.

REMIGIO  Vamos a ver qué pasa... Tendrán que recular un poco...

AGUSTÍN  ¿Recular, en qué?

REMIGIO  Pues en todo un poco.

VEGA  Eso es. En todo. En el tema de la inmigración, en el de la violencia de género, en el del aborto, en el del cambio climático... Y hasta en lo de los toros y la caza... Que si los extranjeros ya se piensan que somos todos toreros y bailadoras de sevillanas, ahora va a ser incluso peor. Con todo lo que se había avanzado y tiene pinta de que vamos a volver al siglo XX. O al XIX. Las mujeres trabajando en casa, la basura sin separar, los extranjeros deportados y ni abortos ni divorcios. Ya veréis. Como si lo estuviera viendo.

AGUSTÍN  Madre mía, las tonterías que estás diciendo.

VEGA  (*Enfadada.*) Oye, niñato, yo no digo tonterías.

AGUSTÍN   Pues solamente hoy has dicho unas cuantas. Pero vamos, que paso de ti. Deja de rabiar por el resultado de las elecciones.

VEGA   Yo no rabio. Si a mí ya no me sorprende nada. En realidad, me lo esperaba.

REMIGIO   Pues serías la única.

VEGA   En realidad me esperaba que hubieran salido el Partido del Progreso y Orgullo Nacional en coalición, que hubiera sido casi lo mismo.

REMIGIO   Yo creo que hubiera sido mucho mejor que el Partido del Progreso hubiera estado al mando. Así es la cosa.

PAZ   Bueno, desde que estaba este candidato nuevo en Partido del Progreso, se estaban radicalizando mucho también… Por eso Orgullo Nacional pactará con ellos.

REMIGIO   Sí, pero no es lo mismo que hubieran tenido menos escaños y no hubieran liderado, que esto.

EMILIO   Lo bueno es que esto son modas. Dentro de cuatro años, tendremos un gobierno progresista otra vez. Es lo que ha pasado en Estados Unidos y en Brasil. Que en cuatro años se han dado cuenta de lo que es esa gentuza realmente. Al final la historia es cíclica. Y como los seres humanos no aprendemos de los errores…

Agustín   ¿Pero por qué dices que son gentuza? ¿Y por qué va a ser un error? Vamos a darles una oportunidad por lo menos, ¿no?

Emilio   Bueno…

Agustín   Bueno, ¿qué?

Emilio   Pues que esa oportunidad… es un poco como darle a un mono la oportunidad de jugar con una pistola con personas delante.

Remigio   A lo mejor todavía hay solución. Si no les da para mayoría absoluta y no se ponen de acuerdo con Partido del Progreso, se podrían repetir las elecciones. Así es la cosa.

Agustín   ¡Joder con el «así es la cosa»! Me tienes harto. Todo el rato diciéndolo. Pues, a ver, llevamos años tragándonos gobiernos de izquierdas de mierda y no hemos pedido que se repitieran las elecciones.

Vega   Esos gobiernos de izquierdas de mierda al menos eran constitucionales.

Agustín   Y Orgullo Nacional también lo es.

Vega   No tardará en dejar de serlo. A la primera medida que tomen, ya verás.

Agustín   ¿Sí? Pues yo me voy a tomar una copita para celebrarlo.

VEGA        Pues nosotras, nada que celebrar. ¿Nos vamos, Paz?

PAZ         Vamos. Que es domingo y, efectivamente, no hay nada que celebrar. Más bien, que llorar.

            *(Se levantan, pagan en la barra y se van, mientras los demás están en silencio.)*

REMIGIO     Bueno, Assane, ¿cuándo nos despedimos de ti? No tardarán en echarte del país…

ASSANE      *(Riendo.)* Qué cabrón. Pues estoy preocupado, tío.

REMIGIO     Normal. Yo también lo estaría.

AGUSTÍN     Tú trabaja mucho y bien y no tendrás problemas, ya lo verás.

            *(Oscuro)*

**Escena 12**

*Terraza de La Estrella. Sábado a las 13:19,* Cristian *y Amigo 2 a una mesa,* Paz *y* Vega *a otra,* Remigio *a otra.*

Cristian Tú. Que te tengo que contar una cosa. Que la he liado.

Amigo 2 ¿Qué ha pasado?

Cristian Pues que ayer me lie con otra piba.

Amigo 2 ¿En serio?

Cristian No, estoy de coña, ¿no te jode?

Amigo 2 ¿Y quién fue?

Cristian Una que vive ahí en Opañel. La conocía yo de vista de los garitos. Y alguna vez había hablado con ella.

Amigo 2 ¿Pero es española?

Cristian Sí.

Amigo 2 Qué cabrón, estás que triunfas con la que quieres.

Cristian Que no, que estoy rayado.

AMIGO 2    Buah, tío, estamos en edad de disfrutar.

CRISTIAN    No, tío, ya sabes que Marcela me mola.

AMIGO 2    Ya...

CRISTIAN    Pero es que ayer iba todo pedo. Si no voy tan pedo no me lío con esa. Es una fea.

AMIGO 2    Bueno, tío, no te rayes.

CRISTIAN    También es verdad que con la que me lío el padre de Marcela el otro día, últimamente estaba como más pasota.

AMIGO 2    Claro.

(*Mientras, en otra mesa.*)

PAZ    Mucho cuchichean estos. (*Señala con la cabeza a la mesa en la que están* CRISTIAN *y su amigo.*)

VEGA    ¿Quién? (*Levantando la mirada de su teléfono móvil.*)

PAZ    Cristian y su amigo.

VEGA    ¿Y qué dicen?

PAZ    No sé, no me da el oído para entenderlo.

VEGA    Si estuviera aquí Kika seguro que se enteraba. Qué oído tiene la tía...

PAZ     Ya te digo.

        (*Irrumpe en escena* MARCELA. *Se acerca a la mesa
        en la que están* CRISTIAN *y su amigo. La acompa-
        ña Amiga 1 pero ella no llega hasta la mesa y se
        queda unos metros detrás.*)

MARCELA (*A* CRISTIAN.) Tú eres gilipollas, ¿no, niñato?

CRISTIAN (*Se levanta.*) Pero...

MARCELA Me lo han contado todo, imbécil.

CRISTIAN ¿Quién...? ¿Quién te lo ha... contado?

MARCELA ¿Lo único que se te ocurre decir... es que quién
        me lo ha contado? ¿Y qué más da?

CRISTIAN Tía, pero que fue una tontería.

MARCELA ¿Una tontería? ¿Y te vio medio barrio liarte con
        la tía esa?

CRISTIAN Pero si fueron dos besos... Y fue porque yo iba
        muy borracho.

MARCELA Hemos terminado, que lo sepas.

CRISTIAN Pero, cariño...

MARCELA ¿Cariño? Eso es lo que le dirías anoche a la otra.

CRISTIAN Que no...

MARCELA   Hemos terminado para siempre. *(Se gira, y se va.)* *(*CRISTIAN *se vuelve a sentar y, con las manos en la cara, llora. Su amigo se levanta a consolarle.* REMIGIO *se levanta de su mesa y se acerca a la de* CRISTIAN *y su amigo.)*

REMIGIO   *(Dándole una palmada en la espalda a* CRISTIAN*.)* Vamos, chaval…

CRISTIAN   Joder…

REMIGIO   Tranquilo, que igual se le pasa. Y si no, hay muchas más chicas.

CRISTIAN   La he cagado. La he cagado pero bien…

*(En la mesa de al lado.)*

PAZ   Pues ya sabemos de qué cuchicheaban.

VEGA   Se lo estaría contando al amigo…

PAZ   Ese chaval es que es tonto.

VEGA   Es un niñato. Sin más. Como tantos otros.

*(Oscuro)*

## ACTO 4
(El verano)

## Escena 13

*Interior de El Segoviano. Jueves a las 20:31,* RE-
MIGIO, ÁNGEL y AGUSTÍN *en la barra.* ANSELMO
*atiende el bar.*

AGUSTÍN   A ver si llegan ya las tres de la tarde de mañana
porque estoy reventado de toda la semana.

REMIGIO   Pero si no haces ni el huevo.

AGUSTÍN   ¿Cómo que no? Pero si no paro.

REMIGIO   ¿Qué pones? ¿Dos toldos al día? Jajaja.

ÁNGEL   *(Dirigiéndose a* REMIGIO.*)* Pues mira quién fue a
hablar... Ni que tú te deslomaras...

REMIGIO   Pues más que este hago. *(Señala con la cabeza
a* AGUSTÍN.*)* Y más que tú. *(Se dirige a* ÁNGEL.*)*
Así es la cosa.

ÁNGEL   Jajaja. Esa sí que es buena. Tú de pie todo el
tiempo, o incluso sentadito. Yo, agachado, tumbado... En todas las posturas posibles.

REMIGIO   Tumbado o agachado será con temas de las llaves
de paso del agua... Pero temas de grifería, puedes
estar de pie perfectamente.

ÁNGEL       No tienes ni puta idea de fontanería, macho. *(Dirigiéndose al dueño del bar.)* Anselmo, ponte otra rondita para los tres.

ANSELMO     Marchando.

AGUSTÍN     ¡Mirad! *(Señala la televisión, donde está el telediario.)* Están hablando de la nueva medida del gobierno.

REMIGIO     ¿Cuál de ellas? *(Mira a la televisión.)* Ah, la de los inmigrantes... Bueno, no sé si se han pasado un poco, pero a mí me parece bien.

AGUSTÍN     A mí también.

            *(ANSELMO se acerca con los tres nuevos botellines.)*

ÁNGEL       Está bien, sí.

AGUSTÍN     *(Se dirige a REMIGIO.)* ¿Y por qué dices lo de que no sabes si se han pasado un poco?

REMIGIO     Bueno, porque con estas cosas hay que tener cautela. Habrá que ver cómo sale.

AGUSTÍN     ¿Pero, por qué?

REMIGIO     Pues porque tampoco puedes hacer eso con todos los inmigrantes que vengan.

AGUSTÍN     No es con todos. A los que ya están aquí no les afecta.

REMIGIO Pero a todos los que vengan a partir de ahora, sí.

AGUSTÍN Pues yo lo veo muy bien. Y eso que yo no soy racista, ¿eh? Que si no, no estaría con una sudamericana...

ÁNGEL Por eso estás tú tranquilo. Porque a la tuya no le afecta.

REMIGIO ¿Y lo otro, qué?

AGUSTÍN ¿Qué otro?

REMIGIO Lo de la bandera.

AGUSTÍN Pues me parece bien también.

ÁNGEL ¿Qué es eso de la bandera? De eso no me he enterado yo.

REMIGIO Que a partir de ahora va a ser obligatorio que en todos los edificios oficiales y públicos haya una bandera de España en la puerta. En colegios, tribunales, museos, bibliotecas... En todos los que sea oficiales, vamos.

ÁNGEL Ah, sí, algo escuché el otro día, ahora que lo dices.

REMIGIO A mí eso sí que me parece una soplapollez.

AGUSTÍN A mí no. A mí me parece bien. Así los chavales van sintiendo a su patria. Los de aquí. Y los que vienen de fuera, también. Así van aprendiendo.

Porque los que vienen se tienen que adaptar a
lo que hay aquí. Que ya está bien de que vaya
cada uno a su puta bola. Los moros, a lo suyo;
los chinos, también; los negros, tres cuartos
de lo mismo; los sudacas, porque al menos hablan español, pero aun así, a ponerse ciegos todos los fines de semana sin respetar nada. Y si
no, cógete a los guiris, ahora que digo de ponerse ciegos... Esos sí que respetan poco. Aquí
cada uno hace lo que quiere y no pasa nada.
Esto es un circo... No, esto no puede seguir así.
Un poquito de orden. Y el que no quiera, que
se vaya a su país.

REMIGIO  Pero si ya van a venir pocos... a pocos vas a educar con la bandera.

AGUSTÍN  Pues los que ya estén aquí. Que hay algunos que
llevan veinte años y están igual que el primer
día.

REMIGIO  Al final se vuelve a cantar el *Cara el Sol* en los
colegios.

AGUSTÍN  Pues no estaría mal.

ÁNGEL  (*Mirando a la televisión.*) Mirad, ahora los depor-
tes. Ha empezado el Madrid ya la pretemporada.

REMIGIO  ¿Han fichado a alguien?

ÁNGEL  A un defensa francés, creo.

AGUSTÍN  ¿Solo?

ÁNGEL  De momento sí.

REMIGIO  Y el Atleti, ¿a quién ha fichado?

AGUSTÍN  A tres o cuatro. A Idiazábal, el de la Real, por ejemplo. Y a uno brasileño también.

ÁNGEL  ¿Y para qué los quiere el entrenador? Si luego siempre juegan los mismos...

AGUSTÍN  Hombre, pues si ganan la Liga, normal que jueguen siempre los mismos.

REMIGIO  Bueno, señores... Uno que se las pira. Anselmo, cóbrame lo mío y uno de cada uno de estos. (*Le tiende un billete.*)

ANSELMO  Voy.

ÁNGEL  ¿Mañana bajáis?

AGUSTÍN  Yo sí.

REMIGIO  Imagino que sí...

(ANSELMO *le da las vueltas a* REMIGIO.)

(*Oscuro*)

## Escena 14

*Terraza de La Esquina. Viernes a las 21:33.* Vega
*y* Paz *a una mesa,* Remigio *y* Ángel *a otra,* Emilio *a otra.*

Remigio ¿Y dónde dices que fue el robo?

Ángel Ahí en el bar que está en la calle Tucán, yendo
al Parque Cerro Almodóvar…

Remigio ¿El Hermanos Álvarez?

Ángel No. El que está en la otra acera, un poco más
adelante.

Remigio Ah, ya sé cuál dices. Uno que llevan unos chinos… Ángel Ya no. Ahora lo han cogido
unos sudamericanos.

Remigio Sí, pero sé cuál dices. No sé cómo se llama.

Ángel A mí no me viene el nombre tampoco ahora…
*(Desde la mesa de al lado.)*

Paz Perdonad, que os estábamos escuchando sin
querer… ¿Han robado en algún bar del barrio?

Ángel Sí, en el que llevan unos sudamericanos que está
ahí en esa calle, casi al final, en la acera de la iz-
quierda. *(Señala una calle.)*

VEGA        Creo que sé cuál es. ¿Y cómo ha sido?

ÁNGEL       Pues parece que han entrado con un coche. Lo han estampado contra la puerta, han roto el cristal, y han entrado. Lo que llaman un alunizaje, vamos...

VEGA        Pero eso tiene que hacer muchísimo ruido, ¿no? Habrán despertado a todo el vecindario.

ÁNGEL       Sí, hubo gente que lo vio, pero es que no estuvieron ni un minuto dentro, al parecer. En cuanto los vecinos quisieron ponerse a llamar a la policía, se largaron.

VEGA        Eso es que conocían bien el bar e iban a tiro hecho.

ÁNGEL       Debe de ser.

REMIGIO     Cómo se está poniendo el barrio.

ÁNGEL       Bueno, el barrio lleva así mucho tiempo... Y, al contrario, ahora está mejor.

(*Desde otra mesa.*)

EMILIO      Yo la verdad es que no he tenido ningún problema en los cuatro años que llevo viviendo aquí.

PAZ         Pues nosotras llevamos seis o siete años y sí que está peor.

Remigio    Eso es por tantos extranjeros como hay...

Emilio    No creo que eso tenga mucho que ver.

Remigio    ¿Que no? Pues a los hechos me remito. Solo tienes que ver cuando hablan de un delito en los medios. Casi siempre extranjeros. Cuando no son moros, son rumanos, y cuando no, sudacas. Poquitos delitos cometidos por españoles verás en las noticias.

Emilio    No se puede generalizar así.

Remigio    Pues, ya digo, a los hechos me remito.

Paz    Cuando nosotras vinimos había los mismos extranjeros y el barrio estaba bastante mejor.

Emilio    Pero, ¿por qué? ¿Qué ha empeorado?

Paz    Pues por estas cosas que pasan. Hace poco quemaron un contenedor ahí en la placita donde termina la calle Alfaro, y se quemó también el coche que estaba aparcado al lado.

Vega    Yo nunca dejo el coche al lado de los contenedores por eso.

Ángel    Hace cuarenta años es cuando teníais que haber visto el barrio... Aquello sí que era un Carabanchel profundo.

Emilio    ¿Y cómo era entonces?

ÁNGEL    Pues había drogatas en todas las plazas. También en esta, en la Plaza Zeus. Aquí no se podía estar. Si acaso, pasar corriendo.

PAZ    Bueno, en la plaza del metro de Carpetana también hay yonquis ahora…

ÁNGEL    Sí, pero no es lo mismo. Esos están a su bola. Y además es que antes ya digo que era en todas las plazas, no solo en una como ahora.

EMILIO    Pero eso, en Torrejón de Ardoz, que es de donde yo soy, también pasaba. En la plaza del pueblo había heroinómanos a todas las horas del día.

ÁNGEL    Sí, es que Torrejón era cojonudo también… Pero como Carabanchel, ninguno.

(*Oscuro*)

## Escena 15

*Terraza de La Esquina. Sábado a las 20:01.* Cristian *y sus amigos a una mesa,* Marcela *y sus amigas a otra,* Paz *y* Vega *a otra.*

Paz      Fíjate, es que ni se miran. Pasan los unos de los
otros. Mira, fíjate.

Vega      Tía, que estoy de espaldas, me da cosa darme la
vuelta para mirar.

Paz      Te cambio el sitio.

Vega      Que no, déjalo, da igual.

*(Mientras, en la mesa de* Cristian *y sus amigos.)*

Cristian      Pues igual me apunto al gimnasio ese de Carpetana.

Amigo 1      ¿Cuál?

Cristian      El que está ahí en la placita del metro de Vista-
legre, yendo por la calle de la Oca…

Amigo 1      Ah, creo que ya sé cuál dices.

Amigo 2      Bueno, dejaos de gimnasios. ¿No les vamos a
decir nada a estas?

CRISTIAN  Ni de coña, vamos. Yo paso.

AMIGO 2  Joder, pues a mí me jode. Me jode por ti, Cristian. Que te veía mazo de bien con esa pava. Y por mí también, que me molaba la amiga, jajaja.

CRISTIAN  Tú puedes hacer lo que quieras. Pero a mí no me metas. Por mí, como si te quieres liar con Marcela.

AMIGO 2  No jodas. Eso sí que nunca lo haría.

AMIGO 1  ¿Y por qué? Si este ya no está con ella. (*Señala a* CRISTIAN *con la cabeza.*) Y además te está diciendo que le da igual.

AMIGO 2  Pero eso lo dice con la boca pequeña.

CRISTIAN  Que no, gilipollas. Te lo digo en serio. Paso de esa piba ya. En realidad, nunca me ha gustado. Nunca me han gustado las sudacas en general, no sé qué cojones me pasó con esa. Son veces en las que vas todo pedo y te lías con la primera que pillas. Si me pasó luego lo mismo con esa de Opañel. Pero luego lo piensas y… buff. Dices: «¿qué cojones he estado haciendo?». Ya paso, de verdad.

AMIGO 1  Pero si está toda buena…

CRISTIAN  Buah. Tiene buenas tetas y ya está. Luego tampoco es guapa. Y es mazo de tonta. Muy cortita.

AMIGO 2   Joder, pues cuando estabas con ella no decías eso.

CRISTIAN   Porque estaba *atontao...*

*(Mientras, en la mesa de* MARCELA *y sus amigas.)*

MARCELA   ¿A qué hora vienen?

AMIGA 1   Dijeron que a las ocho. Pero me ha hablado Jorge por *guasap.* Que se retrasan.

AMIGA 2   Las ocho ya han pasado. Bueno, no tenemos prisa, ¿no?

AMIGA 1   Sí, es mejor. A ver si se van esos. *(Señala con la cabeza a la mesa de* CRISTIAN *y sus amigos.)*

AMIGA 2   ¿A ti qué más te dan esos?

AMIGA 1   A mí me da igual. Es por Marce.

MARCELA   A mí también me da igual.

AMIGA 1   Puede ser un poco canteo, ¿no?

MARCELA   Te digo que me da igual, de verdad.

*(Llegan tres chicos. Se dirigen a la mesa de* MARCELA *y sus amigas.)*

AMIGA 2   Ya están ahí.

AMIGA 1    (*Dándose la vuelta, porque está de espaldas.*) ¡Qué guay!

CHICO 1    Buenas.

AMIGA 2    Hola. Pillad sillas de ahí. (*Señala con la cabeza a la mesa de* PAZ *y* VEGA, *en la que hay dos sillas libres.*)

CHICO 2    (*Después de coger esas dos sillas.*) Falta una. Voy a preguntarles a los chavales esos de ahí. (*Señala con la mano a la mesa en la que están* CRISTIAN *y sus amigos.*)

AMIGA 2    No... Espera... Bueno, da igual. Nada, nada, sí, pregúntales.

(*Chico 2, que se había parado y girado cuando Amiga 2 ha empezado a hablar, reanuda su camino hacia la mesa de* CRISTIAN *y sus amigos.*)

CHICO 2    ¿Está libre esta silla?

CRISTIAN    Sí, sí.

(*Chico 2 vuelve a la mesa de las chicas, coloca la silla, y se sienta.*)

AMIGA 2    Bueno, ¿y qué tal?

CHICO 3    Bien. No habíamos parado nunca por aquí.

AMIGA 2    Pues este es nuestro barrio.

CHICO 3    Está chulo.

AMIGA 1    Esta placita está muy bien. Se llama Plaza de Zeus. Y el barrio, pues a nosotras nos gusta.

CHICO 1    Está bien, sí.

*(Mientras, en la mesa de CRISTIAN y sus amigos.)*

CRISTIAN   ¿Y a mí qué me cuentas? Yo qué sé quién son esos...

AMIGO 2    Yo tampoco los conozco. Ni de vista siquiera.

AMIGO 1    Pues eso es que no son del barrio. Si no, les conoceríamos.

*(Mientras, en la mesa de PAZ y VEGA.)*

PAZ        Ahora sí que las miran, jajaja. Están picados.

VEGA       Joder, ahora sí que me dan ganas de cambiarme de sitio. Jajaja.

PAZ        No, ahora no te dejo.

VEGA       Cuenta, cuenta.

PAZ        Nada, las están mirando, y cuchicheando entre ellos.

VEGA       Eso es que están jodidos.

## Escena 16

*Terraza de La Estrella. Sábado a las 21:58.* REMIGIO, AGUSTÍN, ÁNGEL *a una mesa. Van visiblemente borrachos.*

REMIGIO      Bueno, os habéis enterado, ¿no?

AGUSTÍN      ¿De qué?

REMIGIO      De que se ha vuelto a liar Cris, el Cristiancito, con la niña colombiana esa con la que estuvo un tiempo.

AGUSTÍN      ¿De verdad?

REMIGIO      Como te lo cuento.

AGUSTÍN      Qué cabrón.

ÁNGEL      Pues no parece tener las cosas muy claras el chaval… Cada día cambia de idea. Estoy con ella, no estoy con ella, estoy con ella, no estoy con ella…

REMIGIO      Bueno. A lo mejor lo único que quiere es pasarlo bien.

ÁNGEL      Coño, si no hará ni dos meses que lo han dejado. Si hasta se había liado con otra.

REMIGIO   Pues por eso mismo. A disfrutar. Déjale que disfrute.

ÁNGEL   Pero qué disfrutar ni qué disfrutar. Si luego cuando la chica le dejó estaba hecho un trapo.

AGUSTÍN   Pues para mí que hace bien. Bueno, ¿y de fútbol no hablamos?

ÁNGEL   Pero si no ha empezado la Liga todavía.

AGUSTÍN   Ya, pero hay amistosos... El Atleti está arrasando. Pinta a buena temporada como la pasada. Y a que gana otra vez la Liga.

ÁNGEL   Jajaja. Pero si solo son amistosos.

AGUSTÍN   Sí, pero hay que ganarlos igual. Es mejor ir ganando estos partidos.

REMIGIO   Ya podrá el Atleti. Con el presupuesto que tiene...

AGUSTÍN   Jajaja. ¿Presupuesto? Pero si el Madrid tiene el doble...

REMIGIO   Creo que no. Creo que este año no.

AGUSTÍN   Pero, ¿cómo que no? Además dices «este año»... ¿Qué te crees? ¿Qué eso cambia de la noche a la mañana? Jajaja.

REMIGIO   Pues eso ponía en el periódico el otro día.

AGUSTÍN   Pues estará mal.

REMIGIO   ¿Cómo va a estar mal?

AGUSTÍN   Pues sí, tío. Sería un error. O lo escribiría un periodista del Madrid, jajaja. Para quitar presión a su equipo…

REMIGIO   Si venía en el periódico, es que es verdad.

AGUSTÍN   Pues nada, lo que tú digas. Seguro que Ángel te da la razón.

ÁNGEL   Pues claro.

AGUSTÍN   Como sois dos contra uno… Hoy no hay nadie más del Atleti.

ÁNGEL   Bueno, hay pocos más del Atleti en el barrio.

REMIGIO   Assane. Assane sí es del Atleti.

AGUSTÍN   Oye, ¿qué es de Assane? Hace mucho que no le veo.

ÁNGEL   Coño, pues ahora que lo dices, yo también.

AGUSTÍN   Se habrá pirado a su país.

REMIGIO   Se habrá pirado… o «le habrán pirado»…

ÁNGEL   ¿Tú crees?

Remigio    Pues tú me dirás…

Agustín    Que no, coño. Que se habrá pirado a ver a su familia. O a sus mujeres. Que tenía varias, el cabrón, jajaja. Una vez me contó que tenía una en Cabo Verde, otra en Ghana…

Remigio    Desde que llegó, nunca había estado tanto tiempo sin verle… Además, ya sabéis que lo de la inmigración se está poniendo chungo. Al menos para los que llevaban poco tiempo como él. Otra cosa es tu mujer, que lleva diez años. La verdad es que… mira que a mí al principio me gustaban… pero… este gobierno… no sé yo al final…

Agustín    Que no, coño. Para una puta vez que se hacen las cosas bien, después de no sé cuánto tiempo…

Remigio    No sé…

           *(Hay un silencio de unos segundos.)*

Remigio    Entonces, si el gobierno deporta a Assane, están haciendo las cosas bien, ¿no?

Agustín    Pues no. Eso me jodería. Le he cogido cariño.

Remigio    Pues ese es tu gobierno… Y si tú le has cogido cariño a Assane, otras personas les habrán cogido cariño a todas las demás personas a las que deporten. Y nosotros, los que les hemos «cogido cariño», somos los de menos… Los importantes son ellos. A mí me gustaban al principio, pero después, no tardé en decir que a este gobierno se le iba a ir de las manos lo de la inmigración.

ÁNGEL      Pues después de esto, espérate que no vayan con los que llevan más tiempo... Porque Assane lleva por aquí un par de años, pero los hay que llevan cinco, y diez, y veinte...

AGUSTÍN    Que no. Que eso no.

ÁNGEL      También llevaban los judíos mucho tiempo en Alemania. Algunos toda la vida, y eran tan alemanes como los arios. Y mira lo que les pasó.

AGUSTÍN    Joder, no me compares...

REMIGIO    (Mirando hacia el otro lado de la plaza.) ¡Coño, Assane!

           (ASSANE se acerca caminando, con gesto serio.)

AGUSTÍN    ¿Qué pasa, mequetrefe? De ti estábamos hablando. Pídete algo, anda. Y siéntate. Que nos habías asustado.

ASSANE     No, no voy a tomar nada. Vengo a despedirme.

AGUSTÍN    ¿Te vas a ver a tus novietas? Jajaja.

ASSANE     No. Me echan del país. No me renuevan los papeles. Y dicen que van a perseguir mucho a todos los que han tenido papeles y ya no los tienen.

Agustín    No jodas...

*(Hay un silencio que dura diez o quince segundos...* Ángel *y* Remigio *se levantan a consolar a* Assane... Agustín *les mira, sentado, sin saber qué hacer.)*

Agustín    Mierda de gobierno.

*(Oscuro)*

Esta primera edición de
*Episodios de Carabanchel (I)*, de Sergio Gonzalo Rodrigo,
terminó de imprimirse
en enero de dos mil veintiséis